AF629510

Pettersson und Findus™

Mein großes Naturbuch

EDEL KIDS BOOKS

Sei achtsam, wenn du in der Natur unterwegs bist. Das bedeutet, dass du keinen Müll hinterlassen solltest und nichts zertrampelst oder einfach so abreißt. Wenn du Dinge mit nach Hause nimmst, überlege dir vorher, ob du sie brauchst.

Ein Ausflug in die Natur ist herrlich und macht großen Spaß. Dabei sind aber der Schutz von wildlebenden Tieren und Pflanzen und die Bewahrung ihrer Lebensräume unglaublich wichtig. In diesem Buch findest du Informationen und Tipps, was du tun kannst, um Tieren und Natur zu helfen und sie für uns und unsere Nachkommen zu schützen.

Das Land, in dem der alte Pettersson und der kleine Kater Findus leben, ist für seine unberührte Natur und faszinierende Tierwelt bekannt. Aber auch hier bei uns gibt es viel zu sehen, wenn du aufmerksam durch die Natur streifst. Unsere Wälder, Felder und Gewässer bieten vielfältige Lebensräume für die unterschiedlichsten Lebewesen. Sogar auf der Wiese bei dir um die Ecke kannst du viele Pflanzen entdecken und kleine Tiere, Vögel und Insekten beim Fressen, Fliegen oder Krabbeln beobachten! Je tiefer wir uns in die Natur hineinbewegen, desto sorgsamer müssen wir uns verhalten. Geh mit Pettersson und Findus auf Entdeckungsreise und lerne dabei, warum es so wichtig ist, gut auf die Natur achtzugeben!

INHALT

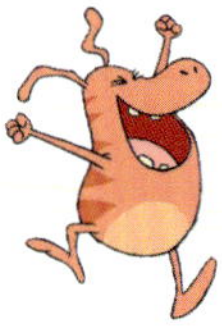

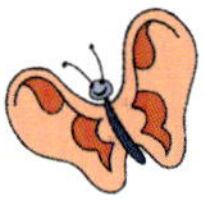

Lebensraum
Wiese

Das grüne Wiesenhaus

Kater Findus liebt es, auf Wiesen herumzutoben, an Kräutern und Blumen zu riechen und dem Gesumme und Gebrumme hier zu lauschen: Wiesen bieten vielen Tieren und Pflanzen eine Heimat. Was auf einer Wiese wächst und lebt, hängt davon ab, wie feucht oder trocken, sonnig oder schattig, warm oder kalt sie liegt. Und es ist wichtig, wie der Boden ist und ob es viele Nährstoffe und Wasser darin gibt.

Streuschicht

Die Tiere in der Streuschicht leben ganz nah am Boden zwischen Pflanzenresten, Blättern und Ästchen. Es gibt wenig Licht und die Luft ist feucht. Käfer, Ameisen, kleine Spinnen und andere Insekten fühlen sich hier wohl.

Ringelnatter

Maulwurf

Wurzel- und Bodenschicht

In der Wurzelschicht leben Regenwürmer, aber auch ganz kleine Tierchen wie Milben und Bakterien. Sie zersetzen abgestorbene Pflanzenteile und machen daraus fruchtbaren Boden. Zwischen den Wurzeln bauen und graben Maulwürfe und Mäuse, Kaninchen und Eidechsen.

Krautschicht

Auf schaukelnden Gräsern, Blättern und Halmen sind Marienkäfer und Heuschrecken zu Hause, aber auch Spinnen, die ihre Netze dazwischen bauen. Hier ist es hell und warm.

Schwebfliege

Blütenschicht

Sonnig, windig und im Sommer heiß: Hierher kommen die fliegenden Insekten. Manche von ihnen, wie Bienen und Schmetterlinge, suchen nach Nektar in den Blüten, andere, wie Libellen und Hornissen, jagen kleinere Insekten.

Heuschrecke

Wusstest du, dass eine Wiese in verschiedene Stockwerke aufgeteilt ist? In jeder Etage finden sich andere Pflanzen und Tiere.

Wiese ist nicht gleich Wiese

Wiesen entstehen nicht von allein, sondern bleiben dadurch Wiesen, dass sie gemäht werden – sonst würden sie nämlich zuwuchern und irgendwann zu Wald werden. Wiesen, auf denen Tiere und nicht der Rasenmäher das Gras fressen, sind Weiden.

Salzwiese

Salzwiesen bilden den Übergang zwischen Meer und Land. Sie entstehen durch Anschwemmung von Sand und Schotter. Daraus entsteht Schlick. 1650 Arten von Krabbeltieren und 50 Vogelarten kommen in Salzwiesen vor.

Seeschwalbe

Durch Beweidung gehen viele Salzwiesen kaputt. Deswegen werden sie im Wattenmeer besonders geschützt. Auch du solltest Salzwiesen nicht eigenständig betreten.

Blumenwiese

Eine Blumenwiese ist bunt, braucht wenig Wasser und bietet Platz für ganz viele Tiere: Bienen finden Pollen und Nektar, Schmetterlinge tanzen von Blüte zu Blüte und Vögel suchen nach Nahrung.

Tagpfauenauge

Edelweiß

Bergwiese

Kurze Sommer und lange kalte Winter, frostige Nächte und karge Felsen: Die Tiere und Pflanzen auf Bergwiesen haben sich den Bedingungen angepasst.

Auf Bergwiesen gibt es seltene Blumen. Viele von ihnen stehen unter Naturschutz. Deshalb: In den Bergen niemals Blumen pflücken, sondern sie lieber anschauen und sich freuen.

Streuobstwiese

Wiesen mit verstreut stehenden Obstbäumen sind ein Paradies. Bis zu 5000 Tier- und Pflanzenarten leben auf ihnen. Viele davon sind stark gefährdet oder sogar vom Aussterben bedroht.

Steinkauz

Spinnen

Kreuzspinnen erkennst du an dem hellen Kreuz auf dem Hinterleib. Ihr Netz baut die Kreuzspinne in weniger als einer Stunde und produziert dafür mehr als 20 Meter Faden. Kreuzspinnen sind giftig – aber für uns nicht gefährlich: Der Biss einer Kreuzspinne ähnelt einem Mückenstich.

Wie Spinnen weben

Kreuzspinnen finden immer weniger Lebensräume. Was du tun kannst: Wenn ihr einen Garten habt, lass immer eine natürliche »unaufgeräumte« Ecke stehen – da fühlen Kreuzspinnen sich besonders wohl.

Heimische Vögel

Jedes Jahr sind auf der ganzen Welt etwa 50 Milliarden Zugvögel unterwegs, die verschiedene Jahreszeiten an unterschiedlichen Orten verbringen. Fünf Milliarden Vögel fliegen zwischen Europa und Afrika hin und her.

Immer mehr Vögel verschwinden auf Wiesen und Feldern. Wir können vieles tun, um sie zu schützen: Vogelhäuschen und Nistkästen bauen, Hecken pflanzen und den Garten an manchen Stellen etwas verwildern lassen.

Vögel immer nur beobachten, sie aber nicht stören und niemals ihre Nester anfassen!

Du brauchst für die Vogelbeobachtung:

- Fernglas
- Notizblock
- Bestimmungsbuch
- Vogelstimmen-CD oder -App zum Vergleichen
- frühes Aufstehen

Heuschrecke und Ringelnatter

In feuchten Wiesen lebt die **Ringelnatter**. Sie kann bis zu 120 Zentimeter lang werden. Oft wird sie mit der giftigen Kreuzotter verwechselt. So oder so solltest du sie in Ruhe lassen – fühlt sie sich bedroht, zischt sie und bäumt sich auf.

Hast du schon mal von »Halbumwandlern« gehört? Das sind keine Wesen aus einem Märchen, sondern **Heuschrecken**. Sie schlüpfen als Larven aus den Eiern und häuten sich dann immer und immer wieder – bis zur fertigen Schrecke. Ach ja, und wunderschön zirpen und rattern, schnarren und schwirren können sie auch noch.

Zecke und Marienkäfer

Die **Zecke** beißt nicht, sondern sie sticht. Und sie lässt sich auch nicht mit triumphierendem Indianergebrüll vom Baum fallen, wenn ein »Opfer« vorbeiläuft. Zecken sitzen auf Grashalmen, an Buschzweigen und im Unterholz. Und sie können schwere Krankheiten übertragen. Deshalb solltest du nach dem Spielen auf Wiesen oder im Wald deinen Körper immer gründlich nach Zecken absuchen.

Die Punkte auf dem Rücken der **Marienkäfer** sehen nicht nur hübsch aus – sie sind dazu da, Feinde zu warnen: »Du solltest mich nicht fressen, ich schmecke sehr bitter!« Es gibt Marienkäfer mit nur zwei, aber auch welche mit bis zu 24 Punkten!

Eine Wiese muss regelmäßig gemäht werden, sonst verwildert sie: Vor allem Sträucher, Büsche und schnell wachsende Bäume wie Ahorn und Birke wuchern die Wiese zu. Schafe, Ziegen und Gänse sind natürliche Rasenmäher – oder auch ein Stier wie der von Petterssons Nachbar Andersson.

Wiesenpflanzen

Findus liegt gemütlich im Gras, schaut in den Himmel und pfeift leise auf einem Grashalm. Da kitzelt ihn etwas in der Nase und ... Hatschi! Pollen fliegen durch die Luft. Und in der Wiese wimmelt es nur so von Leben! Auf den Blüten sitzen Insekten und Vögel, auf den Blättern krabbeln Marienkäfer, im Gras hocken Grashüpfer, auf dem Boden flitzen Ameisen und Tausendfüßler hin und her und unter der Erde buddeln Maulwürfe und wühlen Mäuse herum. Was für ein Gewusel!

Du kannst mit einem Stück **Gras** zwischen den Daumen **Pfeiftöne** erzeugen. Der Grashalm sollte etwa 5 cm lang sein. Du klemmst ihn so zwischen den Knöcheln der Daumen ein, dass er straff gespannt ist, und pustest dann durch das Loch, das so entsteht. Bekommst du »Alle meine Entchen« hin?

ast 250 verschiedene Arten
on **Klee** gibt es. Findest
u ein vierblättriges
leeblatt? Dann hast du
lück!

Oft wachsen an Wiesenrändern in Hecken **Hagebutten**. Ihr süßsaures Fruchtfleisch ist sehr vitaminreich. Sie können aber noch etwas anderes: Die kleinen orangefarbenen Früchte enthalten in ihrem Innern viele winzige Nüsse, deren Härchen Widerhaken besitzen und die bei Hautkontakt stark jucken. Pass also auf, dass du nicht mit den Nüsschen in Berührung kommst.

Siebenschläfer und Mauswiesel

Sieben Monate im Jahr schlafen – das wäre was für Pettersson. Wäre da nicht ein kleiner Kater, der den alten Mann immer wach und auf Trab hält und mit ihm Abenteuer erleben möchte ... Das kann dem Siebenschläfer nicht passieren. Und während der es sich in seiner Baumhöhle gemütlich macht, arbeiten um ihn herum viele andere Tiere.

Der **Siebenschläfer** gehört zu den Bilchen, die auch »Schlafmäuse« genannt werden. Der Name passt, denn der Siebenschläfer hält von Mitte September bis zum Mai Winterschlaf in einer Baumhöhle. Vorher frisst er sich mit Eicheln und Bucheckern ganz viel Fett an, schafft zur Sicherheit aber auch noch Vorräte in sein Winternest.

Droht eine Gefahr, kann der Siebenschläfer übrigens seinen Schwanz abwerfen – ob Findus das auch manchmal versucht?

Es ist superschnell, wieselflink, nicht viel größer als eine Maus – und damit das kleinste Raubtier der Welt. Das **Mauswiesel** ist eine Marderart. Es fängt am liebsten Wühlmäuse, die kann es nämlich in ihren unterirdischen Gängen gut verfolgen.

Mauswiesel werden leider oft überfahren und sind seltener geworden. Deshalb helfen ihnen Streuobstwiesen, Hecken, Feldgehölze und andere Unterschlupfmöglichkeiten, weil sie sich dort schnell vor Feinden in Sicherheit bringen können. Durch das Anpflanzen heimischer Sträucher, aber auch durch Holz-, Reisig- und Steinhaufen als künstliche Nisthöhlen können wir den Tieren helfen.

Brummen und Summen

Wespe, Biene, Hummel – manchmal findet Findus es gar nicht so leicht, Insekten auseinanderzuhalten. Deshalb erklärt Pettersson dem kleinen Kater ein paar wichtige Unterschiede.

Die **Wespe** ist ein schneller Jäger: Ihren Stachel kann sie ganz oft verwenden. Gift setzt sie dabei sparsam ein. Ihr schwarz-gelb gestreifter Körper ist ganz glatt.

Die pelzige **Biene** ist etwas rundlicher als die Wespe. Ihre Streifen sind braun-grau und ihr Stachel hat einen Widerhaken. Wenn sie ihn einmal in ein Lebewesen gebohrt hat, kann sie ihn nicht mehr herausziehen. Deshalb sticht das kleine Insekt wirklich nur im absoluten Notfall!

Die nützliche **Hornisse**, die jeden Tag viele schädliche Insekten erbeutet, ist viel größer als ihre kleinere Verwandte, die Wespe. Sie ist selten geworden und sehr scheu. Ihr Aussehen ist ziemlich beeindruckend: Die Arbeiterinnen der Hornissen werden bis zu dreieinhalb Zentimeter groß. Die Hornisse ist nachtaktiv und schwirrt deshalb gern um Lampen herum.

Gemütlich, ein bisschen kräftiger und pelzig: Die friedliche **Hummel** ist immer auf der Suche nach Nektar. Sie fliegt von Blüte zu Blüte, denn sie ist von allen Insekten die wichtigste Bestäuberin für Pflanzen.

Die **Schwebfliege** »steht« in der Luft – so sieht es zumindest aus. Dafür schlägt sie allerdings bis zu 300 Mal pro Sekunde mit den Flügeln! Sie sieht für ihre Feinde gefährlich aus, kann aber weder beißen noch stechen. Sie ernährt sich von Nektar und Pollen. In der Landwirtschaft wird sie zur Ungezieferbekämpfung genutzt.

Bienen und Schmetterlinge

Vom Frühling bis zum Herbst saust und braust die **Biene** mit bis zu zwanzig Stundenkilometern über die Wiesen. Sie landet auf Blüten und saugt mit ihrem Rüssel den Nektar in ihren Magen. Ihr Bauch ist nach etwa zweihundert Blüten voll.

Während die Biene Nektar einsaugt, löst sie gleichzeitig Blütenpollen aus den Staubgefäßen der Blume. Sie bepudert sich damit und schiebt die Pollen in die Pollenkörbchen ihrer Hinterbeine. Wenn die Biene auf der nächsten Blume landet, gelangen die Pollen auf die Narbe der Blüte. Das nennt man Bestäuben.

Immer mehr Wildbienen sterben, weil unsere Umwelt bedroht ist. Du kannst auf dem Balkon oder im Garten einfach ein kleines Bienenhotel bauen, wenn deine Eltern es erlauben und du mit ihnen nachschaust, wie das genau geht. Dafür brauchst du nur eine Holzkiste und hohle, unterschiedlich große Bambusröhrchen.

Admiral

Zitronenfalter

Schwalbenschwanz

Kleiner Kohlweißling

In Wildblumen steckt lebenswichtiger Nektar für **Schmetterlinge**. In Deutschland leben etwa 3700 Schmetterlingsarten, die meisten sind Nachtfalter. Nur etwa 190 fliegen am Tag.

Kleiner Fuchs

Schmetterling

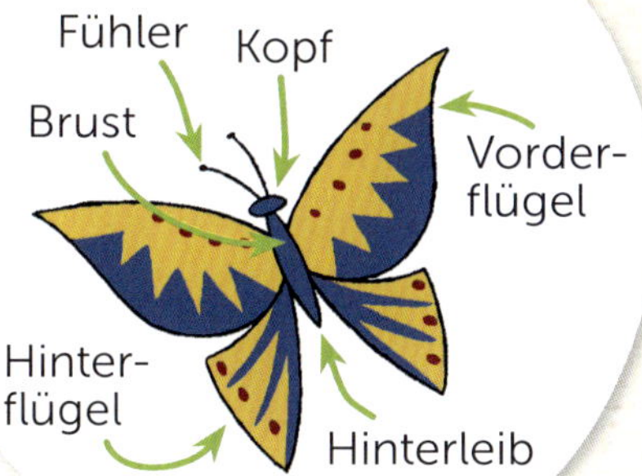

Großes Ochsenauge

Das kannst du für die Insekten tun:

- Wildblumenbeet im Garten oder auf dem Balkon anlegen
- Küchenkräuter blühen lassen
- weniger Rasen mähen
- Blüten, Stängel, Totholz im Herbst und Winter liegen lassen – das sind tolle Verstecke für Insekten!

Schütze die Wiese

Auf Wiesen gibt es jede Menge verschiedene Pflanzen und Tiere, von denen viele verschwinden werden, wenn wir sie nicht schützen. Auch ganz viele tolle Wildblumen und Heilkräuter wachsen auf Wiesen. Deshalb solltest du einiges beachten, wenn du auf einer Wiese spielst oder picknickst.

Zum Betrachten der Dinge, die du auf einer Wiese entdeckst, ist eine **Becherlupe** besonders nützlich.

- Lass keinen Müll herumliegen.
- Zertrampele keine Pflanzen.
- Bringe Tiere, die du dir anschaust, wieder zurück auf die Wiese, bevor du nach Hause gehst.
- Sammle nur Pflanzen, die du wirklich benötigst.

Auf dem Feld

Getreide

Für den alten Pettersson ist es bis zum nächsten Supermarkt ein weiter, weiter Weg. Deshalb bauen er und seine Nachbarn auf den Feldern rund um ihre Höfe jede Menge verschiedene Nahrungsmittel an. So können sie selbst reifes Getreide und knackfrisches Gemüse ernten. Dazu noch gerade gelegte Eier von Oberhuhn Prillan und ihren gackernden Freundinnen sowie köstliche Milch von Anderssons Kühen ... Wer braucht schon einen Supermarkt?

Gerste

Weizen

Bestimmte Pflanzen nennen wir **Getreide**. Du kennst sicher Weizen, Reis und Mais. Aber auch Roggen und Gerste, die wie der Weizen am Stiel eine Ähre haben, und der Hafer mit den kleinen Rispen an den Stielen sind Getreidesorten. Die »Haare« an Gerste und Roggen heißen Grannen.

Roggen

Hafer

Mais

Hast du schon mal **Brot** gebacken? Dafür löst du ein Päckchen Trockenhefe in 400 Milliliter lauwarmem Wasser auf. Dazu gibst du 100 Milliliter Mineralwasser, einen Esslöffel Essig, zwei Esslöffel Honig und einen Teelöffel Salz. Das Ganze vermischst du mit 500 Gramm Dinkelmehl. Gib je nach Geschmack eine halbe Tasse Nüsse, Kürbiskerne, Sesam- oder Leinsamen dazu und lass den Teig dann eine Stunde gehen. Danach in einer Backform eine Stunde bei 200 Grad in den Ofen – fertig ist dein selbst gebackenes Brot!

Kleine Gräserkunde

Findus benutzt Grashalme gern, um darauf zu pfeifen. Für viele andere Tiere sind Gräser eine Köstlichkeit: Pferde, Kühe, Schafe, Ziegen – sie alle fressen gerne Gras. Auch für uns Menschen sind sie ein sehr wichtiges Nahrungsmittel, denn Dinkel, Gerste, Hafer, Hirse, Mais, Reis, Roggen und verschiedene Weizenarten zählen alle zu den Süßgräsern.

Gras ist nicht gleich Gras: Es gibt ganz viele unterschiedliche **Grassorten**. Das kleine Zwerggras erreicht nur eine Höhe von zwei bis drei Zentimetern und das höchste Gras der Welt ist der Riesenbambus – er kann bis zu 40 Meter hoch werden!

Dinkel ist ein Verwandter des Weizens und ist besonders gesund. Viele Menschen, die keinen Weizen vertragen, benutzen stattdessen Dinkelmehl für ihre Speisen. Es schmeckt ein bisschen nussig und steckt voller wichtiger Vitamine und Mineralstoffe.

Hirse ist eins der ältesten Nahrungsmittel überhaupt. Die meiste Hirse gibt es in Asien, denn bei uns haben sich die Menschen in den letzten hundert Jahren entschieden, lieber Mais und Kartoffeln auf den Feldern anzupflanzen. Mittlerweile wird Hirse aber auch wieder bei uns angebaut.

Mais ist vielfältig, auch wenn du ihn vielleicht nur von Cornflakes und Popcorn kennst: Maisstärke ist ein Bindemittel und wird nicht nur für Soßen und Desserts benutzt, sondern auch für Geschirr, Tragetaschen und Verpackungen – das bedeutet, dass kein Plastikmüll entsteht. Mais wird auch als Biotreibstoff benutzt. Und er ist in vielen anderen Ländern ein Grundnahrungsmittel.

Feldhamster und Feldmaus

Was für riesige Backen! Die braucht der **Feldhamster**, denn er muss für den Winter ganz viel Nahrung in seine Vorratskammer schaffen. Dann hält er Winterruhe, indem er seine Körpertemperatur von über 32 Grad auf nur vier Grad absenkt. Alle fünf Tage wacht er auf, läuft von der Wohnkammer seines Baus in die Vorratskammer, schlägt sich den Bauch voll und geht dann beim Kotplatz aufs Klo.
Wenn der Feldhamster Gefahr wittert, stellt er sich auf seine kleinen Hinterbeinchen und faucht seine Feinde an. Seine Zähne sind sehr scharf. Am liebsten lebt er im Kornfeld.

Die moderne Landwirtschaft hat verursacht, dass der Feldhamster keinen Lebensraum mehr findet und es ihn kaum noch gibt.

Die **Feldmaus** ist das am häufigsten vorkommende Tier auf unseren Feldern. Sehen wirst du sie aber nicht besonders oft: Sie lebt mit ihrer Großfamilie unter der Erde in einem verzweigten System aus ganz vielen Tunneln. Eine Feldmaus kann schon 13 Tage nach ihrer Geburt wieder kleine Mäuse bekommen: Dieses Rekordtempo in Sachen Elternwerden schafft sie als einziges Säugetier. Feldmäuse sind eine der Lieblingsspeisen von Greifvögeln und Eulen.

Heu ist gemähtes und getrocknetes Gras, das vor allem als Futter für Tiere benutzt wird, und **Stroh** sind die trockenen Halme vom Getreide nach dem Dreschen, also wenn die Körner bei der Ernte vom Rest der Pflanze getrennt werden.

Reh und Igel

Feldhase, Feldhamster, Feldmaus, Feldlerche, Feldlaufkäfer ... Wie du am Namen erkennst, wimmelt es in Feldern nur so von Tieren, vor allem im Frühjahr und im Sommer. Das größte Tier, das in Feldern lebt, ist das Reh. Wenn du genau hinsiehst, kannst du manchmal im dichten Getreide die Spitzen von Rehohren entdecken. Oder sind das etwa die Öhrchen von Feldfindus, der sich hier versteckt hat?

Das **Reh** ist die kleinste Art der Hirsche – dabei ist es eigentlich näher mit dem Elch verwandt. Anders als der Rothirsch bleibt das Reh bei Gefahr wie angewurzelt stehen, wittert und sucht dann mit wenigen schnellen Sprüngen schnell das Weite. Es kann einen Menschen bis zu einer Entfernung von 300 Metern riechen. Nur die Böcke, also die männlichen Tiere, tragen ein Geweih. Dies fällt jedes Jahr im Herbst ab und unter der sogenannten Basthaut wächst sofort ein neues, das die Böcke im darauffolgenden Frühjahr dann stolz wie eine Krone auf ihrem Kopf tragen und mit dem sie Kämpfe gegen ihre Rivalen austragen.

Hast du schon mal ein Rehkitz auf einer Wiese entdeckt? Warum lässt die Mutter es dort allein? Dank seinem gefleckten Fell ist das Kitz perfekt getarnt. Ein weiterer Schutz ist der fehlende Eigengeruch, den die Rehmama kurz nach der Geburt ableckt. Deshalb darfst du ein Rehkitz niemals berühren! Es könnte deinen Geruch annehmen und so von der Mutter verstoßen werden.

Der **Igel** frisst gern Tierchen am Boden wie Regenwürmer, Insekten, Käfer und Asseln. Ein erwachsener Igel hat zwischen 6000 und 8000 Stacheln, mit denen er sich gegen seine Feinde wie Marder oder Fuchs schützt. Igel gehören zu den ältesten Säugetieren der Welt. Ihre Vorfahren lebten schon zu Zeiten der Dinosaurier.

Igel sind ziemlich laut im Vergleich zu vielen anderen Tieren: Du kannst sie durchs Laub rascheln hören, sie knacken hemmungslos Schneckenhäuser und Insektenpanzer und beim Fressen schmatzen sie. Und wenn sie erst einmal auf Artgenossen treffen und sich mit denen streiten oder paaren, sind sie nicht mehr zu halten und fauchen, keckern oder kreischen.

Unter einem Laubhaufen im Garten findet der Igel Nahrung und Unterschlupf im Winter.

Zwei Wühler und bunte Blumen

Der **Regenwurm** ist so was wie der Hausmeister der Erde: Beim Suchen nach Nahrung und beim Bau seiner Wohnröhren gräbt er den Boden ordentlich um. Dabei lockert und durchlüftet er so ganz nebenbei die Erde und erleichtert den Pflanzen damit die Aufnahme von Nährstoffen und Wasser. In einem normalen Ackerboden auf einem quadratischen Feld mit einer Seitenlänge von 100 Metern können bis zu eine Million Regenwürmer leben! Sie bestehen überwiegend aus Wasser. Wo es Regenwürmern gut geht, wächst auch die Ernte auf dem Feld.

Und so trickst du **Regenwürmer** aus: Trommle mit einem Stock auf den Boden oder gieße viel Wasser auf eine Stelle. Die Regenwürmer denken, es regnet – und kriechen nach einiger Zeit ins Freie.

Hast du schon mal himmelblaue Tupfen mitten im Getreide gesehen? Das Spritzen von Gift hat die **Kornblume** lange an den Rand der Felder gedrängt, aber jetzt wächst sie zum Glück immer öfter auch wieder mittendrin. Sie ist ein altbekanntes Heilmittel: Tee aus getrockneten Kornblumen hilft gegen Bauchweh.

Fast blind, eine kleine Rüsselnase und schaufelartige Vorderpfoten: Vielleicht hast du einen **Maulwurf** noch nie bei der Arbeit gesehen, denn er lebt unter der Erde – aber einen Maulwurfshügel kennst du bestimmt! Regenwürmer, Insekten und Spinnen schmecken ihm besonders gut. Beim Jagen in den dunklen, unterirdischen Gängen hilft ihm seine besonders feine Nase.

Knallrot leuchtet er vor den gelben Getreidefeldern: Oft siehst du **Klatschmohn** am Feldrand. Wenn du Glück hast, kannst du auch noch die blaue Kornblume dort finden. An Feldrändern wachsen außerdem eine ganze Reihe anderer Pflanzen und manchmal auch seltene Wildkräuter.

Vögel auf dem Feld

Körner, Insekten, Würmer – Felder waren lange das reinste Schlaraffenland für Vögel. Heute siehst du so besondere Vogelarten wie Feldlerchen, Feldsperlinge, Rebhühner oder Grauammer leider nur noch selten. Der Einsatz von chemischen Düngemitteln gegen Schädlinge und Unkraut hat zur Folge, dass viele Vögel von den Äckern und Feldern verschwinden.

Es kann schon mal vorkommen, dass **Kraniche** ein Kartoffelfeld plündern. Aber eigentlich fressen die Zugvögel lieber Getreidekörner, Schnecken, Regenwürmer, Frösche und kleine Insekten.

Kraniche schlafen im Stehen – manchmal auch auf nur einem Bein.

Ein ausgewachsener **Storch** frisst am Tag eine Menge, die etwa 500 Regenwürmern entspricht. Deswegen laufen Störche gern langsam hinter Mähdreschern her, weil sie auf dem Stoppelfeld viel Nahrung aufpicken können. Im Winterquartier in Afrika hält sich der Storch oft in der Nähe von Buschfeuern auf. Dort sucht er den verbrannten Boden nach Schlangen, Eidechsen und toten Insekten ab.

Im Wald

Das Waldhaus

Weiches Moos unter den Füßen, kitzelnde Grasbüschel am Wegesrand, Schatten spendende Bäume daneben, fröhliches Vogelgezwitscher in den Ästen und hier und da steckt ein Pilz seinen Kopf aus der Erde: Ein Wald ist ein ganz besonderer Lebensraum, der aus vielen Bäumen gebildet wird. Pettersson und Findus mögen die Stimmung hier sehr – wenn nicht gerade Signhild mit ihrem alten Auto über den Waldweg knattert, um am See alles für einen Angelwettbewerb vorzubereiten ...

Der **Wald** ist aufgebaut wie die **Stockwerke** in einem Haus: Im Dach wohnen Eichhörnchen, Marder, Uhu und Specht in den Ästen und Zweigen. Im 2. Stock leben Rehe, Wildschweine und viele Singvögel im Geäst von Sträuchern und jungen Bäumen. Im 1. Stock findest du Schmetterlinge, Bienen und sogar manchmal Glühwürmchen zwischen Blumen, Gräsern und Kräutern. Im Erdgeschoss krabbeln Ameisen, Spinnen und Käfer übers Moos. Und im Keller, wo alle Pflanzen ihre Wurzeln haben, wohnen Regenwürmer und Tausendfüßler, Mäuse und Dachse.

Die häufigsten Baumarten bei uns sind Fichte, Kiefer, Buche und Eiche, Kastanie, Ahorn, Eberesche, Birke und Erle. Weißt du, welcher Baum ein Laub- und welcher ein Nadelbaum ist?

Der **Schwarzspecht** hämmert und meißelt und arbeitet ohne Unterlass. Seine Höhlen sind so komfortabel und geräumig, dass sie gern von anderen Tieren als Nachmieter genutzt werden. Damit der Schwarzspecht von dem vielen Gehämmere kein Kopfweh bekommt, hat er im Kopf so etwas wie Stoßdämpfer, die alles abfedern.

Laubwald und Nadelwald

Wenn Findus an einem mächtigen Stamm hochschaut, muss er manchmal den Kopf ganz schön weit in den Nacken legen, um die Baumkrone und dahinter ein Stück vom Himmel zu erkennen. Bäume sind die Königinnen und Könige im Wald. Früher war fast das gesamte Land von Bäumen bedeckt.

Warum ist der Wald wichtig?

- Ein kleiner Baum produziert so viel Sauerstoff, dass es für 5 Menschen reicht.
- Bäume filtern schädliche Gase aus der Luft.
- An Blättern und Nadeln sammelt sich Staub aus der Luft und fließt bei Regen in den Boden. Besonders in großen Städten ist das wichtig.
- Der Wald liefert uns Holz zum Bauen und als Brennstoff.
- Der Wald ist Lebensraum und bietet Nahrung für viele Tiere.
- Im Wald erholen wir uns.

Für deinen eigenen Baum deckst du den Boden eines Blumentopfs mit Steinen ab. Dann füllst du den Topf zu zwei Dritteln mit feuchter Blumenerde. Lege eine Eichel hinein und bedecke sie mit etwas Erde. Binde mit einem Gummiband einen durchsichtigen Plastikbeutel um den Topf, damit die Erde feucht bleibt. Ab in die Sonne damit – und nach einiger Zeit zeigt sich ein Keimling. Dann nimmst du den Beutel ab und gießt die Erde, sodass sie feucht bleibt. Wenn deine Mini-Eiche größer ist, kannst du sie in die Erde pflanzen.

Bäume und Früchte des Waldes

Kiefer

Eiche

Fichte

Ahorn

Bäume wachsen höher und werden älter als jedes andere Lebewesen der Erde. Welche Bäume kennst du schon?

Birke

Linde

Kastanie

Walnuss

Kleine und große Waldtiere

Pettersson und Findus mögen es, über einen weichen Waldboden zu laufen und dem Rascheln und Knarzen der Bäume zuzuhören. Dazwischen mischen sich manchmal die Geräusche von zahlreichen Waldbewohnern. Begegnungen mit Tieren im Wald sind spannend – mit viel Glück entdeckst du einige von ihnen.

Süß, nicht wahr? Der buschige Schwanz des Eichhörnchens hilft dem kleinen Tier nicht nur beim Steuern und Ausbalancieren auf den Bäumen und beim Springen – er ist auch eine mollig warme Bettdecke: Ein zusammengerollt liegendes **Eichhörnchen** kann sich mit seinem Schwanz komplett zudecken!

Auch wenn er mit seinen kurzen Beinchen ein bisschen tollpatschig wirkt: Der **Dachs** kann schnell und wendig sein. Wenn er sich bedroht fühlt, brummt er. Er gehört zur Familie der Marder.

Schon aus großer Ferne hörst du sein Trommeln und Klopfen. Das macht der **Buntspecht** aber nicht, um Insekten oder Käferlarven zusammenzutrommeln. Nein, er hat einfach keine schöne Singstimme – deshalb »meißelt« er eben mit seinem kräftigen Schnabel gegen den Baumstamm. Und sagt damit: »Hallo, ich bin zu Hause. Welches Männchen oder Weibchen hat Lust, das Nest mit mir zu teilen?« Bei den Buntspechten meißeln nämlich Mann und Frau.

Wildschweine gibt es in unseren Wäldern immer mehr: Der borstige Allesfresser ist sehr anpassungsfähig. Die langen und messerscharfen Eckzähne sind für den Keiler – das männliche Schwein – gute Waffen im Kampf gegen Feinde oder Rivalen. Neugeborene Schweinchen heißen Frischlinge. Sie haben ein hell- und dunkelbraun gestreiftes Fell.

Wildkatze und Rothirsch

Die **Wildkatze** ist nachtaktiv und sehr scheu, deshalb sehen wir sie nur selten. Du erkennst sie gut an dem buschigen Schwanz mit zwei bis drei dunklen Ringen. Die Wildkatze ist nicht viel größer als unsere Hauskatze, wirkt aber durch ihr dichtes Fell oft kräftiger. Zwischenzeitlich waren die Tiere bei uns fast ausgestorben, aber heute gibt es wieder etwa 6000 Wildkatzen in den Wäldern.

Die größte Hirschart bei uns ist der **Rothirsch**. Er wird bis zu 250 Kilogramm schwer. Mit seinem mächtigen Geweih, das 15 Kilogramm wiegen kann, beeindruckt er die Hirschkühe und misst sich mit Konkurrenten. Wenn ein Rothirsch immer wieder den Kopf hebt und in eine Richtung starrt, dann »sichert« er die Umgebung: Geruch, Gehör und Augen prüfen, ob Gefahr droht.

Gottesanbeterin und Ameisen

Die **Gottesanbeterin** heißt so, weil sie ihre Vorderbeine oft anwinkelt, als würde sie beten. Ihre Facettenaugen sitzen seitlich am Kopf. Sie mag es in Böschungen am Waldrand, wo sie Spinnen, Fliegen und Wildbienen fängt. Die Gottesanbeterin ist nicht giftig, beißt nicht und ist nicht gefährlich.

Auch wenn ein **Ameisennest** aussieht wie ein riesiger Haufen komplett durcheinanderlaufender Tierchen, ist das Leben der **Roten Waldameisen** streng geregelt: Die Königin legt die Eier (Larven), die männlichen Ameisen sorgen für Nachwuchs – und die weiblichen Ameisen haben die abenteuerlichsten Aufgaben: Es gibt Weckerinnen, Königspflegerinnen, Nestreinigerinnen und Wächterinnen, Jägerinnen, Straßenbauerinnen, Materialbeschafferinnen, Blattlauswächterinnen und vieles mehr! Was wärst du gern in dem Königreich?

Schütze den Wald!

Im Schutz des Waldes leben viele Pflanzen und Tiere gemeinsam. Die Tiere finden hier nicht nur viele Verstecke, Nist- und Brutmöglichkeiten, sondern fressen neben Schädlingen auch Früchte, Beeren und Nüsse von Bäumen und Sträuchern. Und wenn ein Tier eine Frucht frisst, verdaut es sie, aber scheidet den Samen wieder aus. Der Samen fällt mit dem Kot irgendwo auf die Erde – und eine neue Pflanze wächst heran. So haben alle etwas davon. Praktisch, oder?

Wir brauchen den Wald, weil ...

... er ein Lebensraum für Pflanzen und Tiere ist.
... er Sauerstoff produziert und die Luft reinigt.
... er uns Holz liefert.
... er ganz wichtig für das Klima ist.
... er Wasser speichert und filtert.
... er den Erdboden festhält.
... er Lärm abhält.
... wir uns dort erholen und die Natur erleben.

Das Blatt

Ohne Pflanzen und ihre Blätter gäbe es auf der Erde keine Luft zum Atmen, denn sie helfen bei der Produktion von Sauerstoff. Das heißt **Photosynthese**.

So schützt du den Wald:

- Achte darauf, wo du auf dem Waldboden hintrittst.
- Nichts abreißen oder pflücken!
- Niemals Müll im Wald lassen.
- Gehe sparsam mit Holz und Papier um.
- Benutze Recyclingpapier.

Pilze

Pilze zu sammeln, macht großen Spaß – und sie später in Butter goldbraun anzubraten, auch. Aber: Viele Pilze sind nicht nur ungenießbar, sondern auch giftig. Deshalb sammelt Findus nur mit Pettersson zusammen, weil der sich richtig gut auskennt. Iss also nur Pilze, bei denen du dir ganz, ganz sicher bist, dass sie auch essbar sind.

Pilze sind Lebewesen. Anders als Pflanzen brauchen sie aber kein Sonnenlicht zum Leben. Nahrung nehmen sie durch ihre Oberfläche auf. Doch das, was du auf dem Waldboden siehst, ist nur ein ganz kleiner Teil: Pilze breiten sich in Geflechten aus weißen Fäden unterirdisch aus, manchmal über Kilometer hinweg.

Bevor du **Pfifferlinge** essen kannst, müssen sie gut geputzt werden: Das machst du am besten vorsichtig mit einem kleinen Bürstchen. Du kannst sie auch kurz abwaschen und dann auf einem Küchenpapier trocknen lassen.

Knallroter Hut mit weißen Punkten darauf – der **Fliegenpilz** ruft Menschen und Tieren schon von Weitem entgegen: „Finger weg von mir!" Er ist nämlich giftig. Lass ihn immer dort stehen, wo du ihn entdeckst, und erfreue dich an seinem tollen Aussehen.

Wenn der **Bovist** reif ist und du versehentlich drauftrittst, schießt er seine Sporen ab, es gibt eine dunkle Staubwolke und ein ulkiges Geräusch. Deshalb bedeutet Bovist auch so viel wie Fuchspups. Aber keine Sorge, der Pilz stinkt nicht.

Der **Knollenblätterpilz** ist einer der giftigsten Pilze der Welt. Menschen verwechseln ihn oft mit dem essbaren Wiesenchampignon und das ist sehr gefährlich. Unterscheiden können Pilzsammler die beiden: Während die Lamellen des **Wiesenchampignons** auf der Unterseite rosa bis schokoladenbraun sind, sind die des Knollenblätterpilzes weiß. Lass aber lieber ganz die Finger davon und kaufe Champignons auf dem Markt oder im Laden, da kann nichts passieren.

Pilze

Ein **Eieromelett mit Pilzen** ist schnell gemacht und superlecker! Verquirle für einen Pettersson und einen Findus 4 Eier mit 4 Esslöffeln Milch und würze mit Salz und Pfeffer. Erhitze etwas Öl in einer Pfanne und gib die Mischung hinein. Nach 2 bis 3 Minuten gibst du die Pilze dazu und lässt das Omelett dann noch 2 Minuten stocken. Schnittlauch und Petersilie aus dem Garten darüber – hmmmm ...

Das musst du beim Pilzesammeln beachten:

- Sammle nur Pilze mit einem Erwachsenen, der sich gut auskennt.
- Schneide die Pilze vorsichtig mit einem Messer ab.
- Lege sie in einen Korb, in dem sie Luft bekommen.
- Nie rohe Pilze probieren. Viele Arten sind giftig, bevor sie gekocht sind.

An See
und Fluss

So viel Wasser

Ruhig, friedlich und still: Pettersson und Findus lieben es am See, ob zum Angeln, zum Steineflitschen oder um für das Seepferdchen zu üben. Aber ist es am See wirklich so ruhig? Höre mal genau hin, dann wirst du feststellen, dass es überall raschelt und platscht, zirpt und schnattert. Schließlich gibt es hier jede Menge Wasser. Und Wasser ist Leben: Die Lebewesen auf der Erde haben sich vor sehr langer Zeit im Salzwasser der Meere entwickelt. Unser Trinkwasser, das aus dem Boden kommt, ist Süßwasser – genau wie das in Flüssen, Bächen und Seen.

Natürlich entstanden sind Seen nach der Eiszeit durch das Schmelzwasser, das sich in riesigen Becken gesammelt hat. Es gibt aber auch von Menschen künstlich angelegte Seen.

Über 70 % der Erde sind mit Wasser bedeckt!

Am Flussufer treffen sich Wasser und Land. Und ein Flussufer sieht nie lange gleich aus – denn der Fluss führt nicht immer gleich viel Wasser. Wenn es viel regnet, kann der Fluss über die Ufer treten. Im Hochsommer, wenn es trocken ist, bleibt von manchen Flüssen nur ein klitzekleines Rinnsal übrig.
Ein Fluss ist ein Gewässer, das fließt. Ein besonders kleiner Fluss ist ein Bach, ein richtig großer wird Strom genannt. Ein Fluss beginnt an einer Quelle, aus der Wasser kommt, und er fließt immer ins Meer. Viele Flüsse fließen allerdings erst mal in einen größeren Fluss.

Der längste Fluss in Deutschland ist der Rhein mit 865 Kilometern.

Tiere im und am Wasser

Beim Angelwettbewerb landet Petterssons Hecht aus Versehen in Gustavssons Boot. Zum Glück leben ja noch andere **Fische** im See: Neben Karpfen, Forelle oder Seebarsch gibt es Fische mit so lustigen Namen wie Stichling, Brachse, Rotauge oder Quappe.

Das Gefieder der **Wasservögel** ist wasserabweisend und sie tragen Schwimmhäute zwischen den Zehen.

Der **Fischotter** ist einer der besten Schwimmer und Taucher unter den Landraubtieren. Er lebt an seichten und fischreichen Flüssen. Hier findet er nicht nur viele leckere Fische zum Fressen, sondern auch Insekten, Frösche, Schnecken, Mäuse und Muscheln. Wie alle Tiere aus der Familie der Marder ist er mit seinem Futter nämlich nicht so wählerisch.

Muscheln mit wunderschön glänzenden Perlen gibt es nicht nur im Meer: Die **Flussperlmuschel** lebt in schnell fließenden Gewässern. Sie kann bis zu 15 Zentimeter lang werden – und bis zu 280 Jahre alt! Leider haben nur ganz wenige der Muscheln Perlen in sich. Und durch die Verschmutzung der Flüsse und Perlenräuber in früheren Zeiten ist die Flussperlmuschel mittlerweile vom Aussterben bedroht. Du hast also großes Glück, wenn du eine siehst.

Enten mit Brot zu füttern, ist nicht gut für die Tiere und das Wasser. Die Wasservögel vertragen Brot nur schlecht und die Reste verschmutzen den See. Füttere Enten lieber mit Haferflocken, Eicheln oder weichen Kartoffelstückchen – das macht genauso viel Spaß und ist für alle gut!

Kaulquappen und Frösche

Frösche erkennst du eigentlich auf den ersten Blick: Sie haben einen rundlichen Körper, lange, dünne Hinterbeinchen und kurze Vorderbeine. Oft sitzen sie auf einem Blatt am Rand eines Sees und fangen ihre Beute mit ihrer langen Zunge, die blitzschnell hervorschnellt, wenn ein leckeres Insekt vorbeifliegt. Aber die Kinder von Fröschen sehen ihren Eltern erst mal überhaupt nicht ähnlich. Das liegt daran, dass sie erst eine ziemlich erstaunliche Verwandlung durchmachen, bevor sie zum Frosch werden. Diese Verwandlung heißt **Metamorphose.**

Aus Froscheiern (Laich) schlüpft eine **Kaulquappe**, die nach und nach vom Fröschlein zum **Frosch** wird.

Kaulquappen atmen wie Fische über Kiemen. Später wachsen ihnen Beine, der Schwanz bildet sich zurück und sie sehen nach und nach mehr wie ein Frosch aus. Wenn sie ausgewachsen sind, atmen sie wie wir Menschen über Lungen. Frösche gehören zu den Amphibien und haben eine Wirbelsäule.

Die große Krötenwanderung

Jedes Jahr machen sich **Kröten** im Frühjahr auf die Wanderung und legen weite Strecken zurück. Aber warum bleiben sie nicht an dem Gewässer, wo es ihnen gerade gut geht, und warum verreisen sie? Weil die weiblichen Tiere zum Eierablegen zu dem Ort zurückkehren, an dem sie selbst geschlüpft sind. Und wie finden sie den Weg? Mit ihrem Instinkt, der für sie so was wie ein eingebautes Navigationsgerät ist. Auch Mond, Sterne, Gerüche und Geräusche weisen ihnen die Richtung. Ganz schön schlau, oder?

Viele Kröten riskieren auf ihrer Wanderung ihr Leben, denn oft müssen sie über Straßen krabbeln, auf denen viel Verkehr ist. Deshalb kümmern sich Tierschützerinnen und Tierschützer seit vielen Jahren um die Tiere, stellen Warnschilder für Autofahrer auf, bauen kleine Zäune und graben an Durchschlupflöchern Eimer in die Erde: Die Kröte plumpst auf ihrer Suche nach dem Weg hinein und wird am nächsten Tag sicher über die Straße getragen. Auf der anderen Seite geht die Reise dann weiter ...

Wasserläufer und Wasserfloh

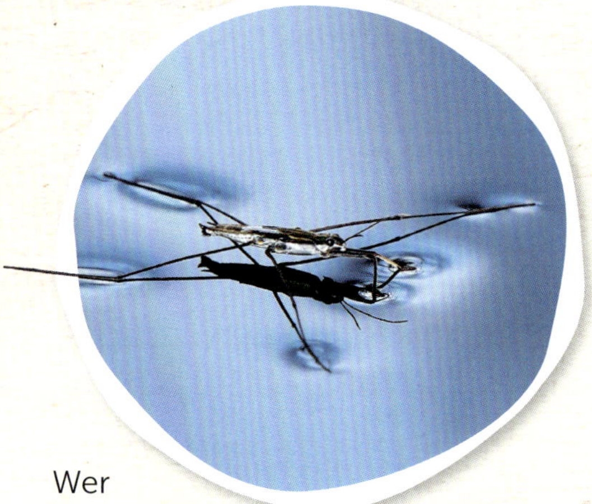

Unter Wasser wimmelt und krabbelt es: **Wasserflöhe** sind winzige, durchsichtige Krebse. Sie ernähren sich von den grünen Algen. Ohne dieses Plankton und die kleinen Krebschen gäbe es keine Fische im See.

Wer flitzt da übers Wasser? Der **Wasserläufer** hat superlange Beine und ist extrem leicht. Dass er nicht untergeht, liegt aber auch an der Oberflächenspannung auf dem Wasser. Das ist so was wie eine Art Haut, die sich da bildet, wo Luft und Wasser aufeinandertreffen.

Plankton sind allerkleinste Lebewesen, die sich mithilfe der Strömung im Wasser fortbewegen. Es gibt unzählige Arten, die sich alle nicht selbst bewegen können. Die meisten Planktonarten sind kleiner als ein Haar von dir dick ist.

Eisvogel und Biber

Wenn du einen **Eisvogel** entdeckst, dann ist das etwas ganz Besonderes: Der strahlend bunte Vogel ist sehr scheu und nur etwa so groß wie ein Spatz. Mit eng angelegten Flügeln durchstößt er wie ein blau schimmernder Pfeil die Wasseroberfläche und taucht nach Krebsen, Kaulquappen und auch kleinen Fischchen.

Achtung, Baum fällt! Der **Biber** bearbeitet mit seinen orangefarbenen Nagezähnen einen Baumstamm so lange, bis der Baum gefällt ist. An ruhig dahinfließenden Seitenarmen von Flüssen wohnt er besonders gern, da gibt es oft sein Lieblingsholz von Weiden und Pappeln: Aus den Ästen und Zweigen baut er hohe Burgen. Und Knospen und Rinde futtert er einfach auf.

Angeln und Basteln

Pettersson mag es sehr, gemütlich in seinem kleinen Boot auf den schaukelnden Wellen zu sitzen und zu angeln. Findus ist das oft zu langweilig: Er sammelt lieber Steine und lässt sie ins Wasser plumpsen – was jeden Fisch im Umkreis des Bootes sofort verjagt. Manchmal nimmt der kleine Kater besonders schöne Steine auch mit nach Hause und malt sie bunt an.

Wasche deine Steinesammlung ab und lasse sie trocknen. Dann kannst du mit einem feinen Pinsel und Acryllack Muster, Linien, Punkte, Gesichter und alles, was dir so einfällt, auf die Steine malen. Wenn die Farbe getrocknet ist, trag am besten eine Schicht Klarlack auf, dann hält deine Bemalung länger. Na, bekommst du das knautschige Gesicht von Pettersson hin?

Aus einem geraden Stock, einem Bindfaden und dem Verschluss einer Getränkedose bastelst du schnell deine eigene Angel. Binde den Faden am Stock fest und befestige den Verschluss der Dose am Ende des Fadens. Dann ab damit ins Wasser. Die Fische beißen aber nicht an? Dann mach mal einen Magneten am Ende des Fadens fest und halte ihn ins Wasser – du wirst dich wundern, was du da vielleicht alles herausfischst.

Im Moor

Lebensraum Moor

Der Boden wackelt und wabert irgendwie hin und her, bei jedem Schritt macht es schlürfende und schmatzende Geräusche, es riecht ein bisschen faulig und ist oft nebelig – für Findus ist das Moor total spannend, weil es etwas unheimlich ist, aber auch, weil es hier viele seltene Tiere und Pflanzen zu entdecken gibt.

Moose sind grüne Pflanzen, die sich aus Algen entwickelt haben. Moos wächst besonders gern an schattigen, leicht feuchten Stellen. Es ist ein großer Bestandteil von Mooren. Wenn Moos abstirbt, bildet sich daraus Torf, der oft als Brennstoff benutzt wird.

Im Moor gibt es kaum Nährstoffe, aber einige Pflanzen und Tiere haben sich etwas anderes überlegt, um hier zu überleben. Der **Sonnentau** ist eine fleischfressende Pflanze. Er sondert eine Art Klebstoff ab, den er auf seinen Blättern verteilt. Der Kleber funkelt und glitzert im Sonnenlicht und zieht so Insekten an. Und wenn die Fliege auf dem Blatt landet, klebt sie fest – und kann nicht mehr weg …

Die **Moorschnucke** ist eine Schafrasse ohne Hörner und mit heller Wolle. Sie frisst alles an Pflanzen, was sie auf dem Boden im Moor finden kann – und wenn sie dabei in ein morastiges Loch hineinfällt, schafft sie es, sich selbst zu befreien.

Im Moor gibt es sumpfige Löcher und Untiefen. Deshalb solltest du ein Moor niemals allein betreten!

Die Moorschnucke gehört zu den gefährdeten Haustierrassen – die gibt es nämlich auch. Von Schnucken werden immer mehr andere Rassen gezüchtet und der Lebensraum im Moor wird kleiner.

Ein Moor ist eine Landschaft, deren Boden ständig nass ist und wo das Regenwasser nicht versickert. Der Boden besteht nicht aus Erde, sondern aus abgestorbenen und zusammengepressten Pflanzenteilen. Darunter ist Schlamm. Das, was von den Pflanzen übrig bleibt, heißt Torf. Und der wird nach und nach immer mehr. Deshalb wächst das Moor in die Höhe.

Tiere im Moor

Der Große **Moorbläuling** ist ein ganz seltener Schmetterling, der sich im Moor besonders wohlfühlt. Seine Raupen leben in Ameisennestern, wo sie auch überwintern. Der Moorbläuling ist vom Aussterben bedroht.

Die **Große Goldschrecke** ist eine Heuschrecke. Der Körper des Weibchens schimmert im Licht leicht goldfarben, die Männchen sehen metallisch grün aus. Um ihre Eier abzulegen, kann das Weibchen ihr Hinterteil wie ein Teleskop »ausfahren« und versenkt es in morsches Holz oder die Stängel von Sträuchern, um dort die Eier abzulegen.

Die **Mooreidechse** ist ganz besonders, denn sie legt keine Eier wie andere Eidechsen, sondern bringt ihre kleinen Babys lebendig zur Welt. Weil die Eier im Bauch aber Wärme brauchen und die Sonne im Moor selten scheint, läuft die Mooreidechse ihr einfach hinterher, legt sich auf den Rücken und lässt sich den Bauch so oft wie möglich von den Sonnenstrahlen wärmen.

Schütze das Moor!
Durch den Torfabbau und weil die Menschen sie trockenlegen, um die Flächen anderweitig zu nutzen, sterben immer mehr Moore. Dabei lebt in ihnen nicht nur eine unglaubliche Vielzahl an Arten, sondern sie tragen auch dazu bei, dass das Klima auf der Erde nicht noch schlechter wird. Deshalb ist es wichtig, die Moore zu schützen.

Seltene Moor-Tiere

Findus weiß, dass er nicht einfach so in einem Moor herumlaufen darf: Der Boden ist weich und es gibt tückische Löcher und Wasserstellen. Außerdem haben sich einige gefährdete Tiere hierher zurückgezogen.

Braun mit weißen Flecken und Beine und Füße in Olivgrün: Der **Bruchwasserläufer** brütet in Mooren in der Nähe von Findus' Zuhause, in Skandinavien. Er baut sein Nest am Boden und ernährt sich von kleinen Krebstierchen, Insekten, Kaulquappen und Wasserschnecken. Den Winter verbringt er in Afrika, wo es schön warm ist. Bei uns ist er vom Aussterben bedroht.

Der **Goldregenpfeifer** ist ganz selten – bei uns gibt es ihn nur noch in einem einzigen Moorgebiet. Wenn du ihn entdeckst, hast du großes Glück, denn er ist ziemlich gut getarnt. Wenn er Nahrung sucht, flitzt er schnell hin und her und trampelt auf dem Boden herum. Dann zieht er mit seinem spitzen Schnabel Regenwürmer senkrecht aus dem Boden heraus.

In den Bergen

Eis und Schnee

Was für eine abenteuerliche Fahrt: Mit nur einem Ski am Fuß saust Findus die verschneiten Berghänge hinunter. Den zweiten Ski hat Pettersson leider nicht rechtzeitig fertig bekommen. In den Bergen gibt es aber noch viel, viel mehr zu sehen als pulvrigen Schnee, Felsen und Geröll: Fast 30 000 Tierarten und 13 000 Pflanzenarten leben und wachsen in den Alpen. Bestimmt kennst du Steinböcke, Murmeltiere, Gämsen und Luchse. Aber auch Steinadler, Braunbären, Edelweiß und Enzian sind hier zu Hause.

Schnee besteht aus ganz vielen kleinen Eiskristallen.

Alpenblumen

Bestimmt hast du schon mal ein Bild gesehen: Ein **Gletscher** ist eine große Masse von Eis, die sich über Jahre aus altem Schnee gebildet hat. Während der letzten Eiszeit, vor vielen, vielen Tausenden von Jahren, haben Gletscher fast halb Europa bedeckt, auch im flachen Land. Heute gibt es Gletscher bei uns nur noch in sehr großen Höhen.

Unsere Erde besteht in der oberen Schicht aus **Erdplatten**. Die Erdplatten sind immer in Bewegung – natürlich nur ganz, ganz langsam, sodass du es nicht spüren kannst. Wenn zwei Kontinente zusammenstoßen, werden die Ränder zusammengeschoben. Beim Zusammenstoß von Afrika und Europa sind die Alpen entstanden. Und das hat Millionen von Jahren gedauert.

Freust du dich auch so wie Findus, wenn es draußen schneit? Wenn im Winter die Luft kalt genug ist, gefrieren Wassertröpfchen an winzigen Staubkörnchen und **Eiskristalle** entstehen. Zwischen den Eiskristallen ist jede Menge Luft, die zwischen den Flocken eingeschlossen ist. Fülle mal einen Eimer mit **Schnee** voll und stelle ihn an einen warmen Ort. Wenn der Schnee geschmolzen ist, wird die Luft »befreit« – und es ist viel weniger Wasser im Eimer als vorher Schnee!

Leg dich in den Schnee, breite Arme und Beine aus und bewege sie auf und ab – fertig ist dein **Schneeengel!**

Leben in den Bergen

Der beste Kletterer in den Bergen ist der **Steinbock.** Trittsicher und flink bewegt er sich auf schmalen Felsvorsprüngen und Klippen. Sein dichtes Fell schützt ihn vor der Kälte im Gebirge und auch bei der Auswahl seiner Nahrung ist er sehr genügsam und frisst das, was ihm unter die Nase kommt: Gräser, Kräuter und die Triebe von jungen Sträuchern und Bäumen. Außerdem ist der Steinbock ein Wiederkäuer. Das bedeutet, dass er seine Nahrung mehrmals aus dem Magen wieder hochwürgt und sie noch einmal kaut.

Eine tiefe brummige Stimme, zotteliges braunes Fell und glänzende Knopfaugen: So ein **Braunbär** sieht ziemlich kuschelig aus, findest du nicht? Doch wenn er sich in voller Länge aufrichtet, kann er bis zu drei Meter groß sein! Er frisst alles, was ihm vor die Schnauze kommt: Früchte, Knospen, Wurzeln, Fische, Beeren, Insekten – und natürlich liebend gern Honig. Dafür lässt er sich sogar von den wütenden Bienen ganz oft stechen.

Elegant und gemächlich zieht der König der Lüfte seine Kreise – bis er eine Maus am Boden entdeckt und blitzschnell hinabsaust. Der **Steinadler** erreicht eine Flügelspannweite von bis zu 230 Zentimetern. Seine Beute kann er aus einer Höhe von drei Kilometern noch ganz genau erkennen. Deshalb sagt man auch, wenn jemand besonders gut sehen kann: »Du hast ja Adleraugen!«

Gämse und Murmeltier

Die **Gämse** lebt in felsigen Gebieten und hat ihre Lebensweise, genau wie der Steinbock, gut an die kargen Bedingungen angepasst. Raubtiere wie Luchs und Wolf sind ihre Feinde, aber auch größere rollende Steine, herabstürzende Felsen und Lawinen, vor denen die Tiere nicht rechtzeitig flüchten können. Weibchen und ihre Jungen leben mit 15 bis 30 Tieren in Herden zusammen. Die Männchen sind Einzelgänger.

Blitzschnell richtet es sich auf und blickt sich hektisch um: Lustig sieht das aus, wenn ein **Murmeltier** Männchen macht. Wenn es laut pfeift, dann wissen seine Artgenossen, dass Gefahr droht und vielleicht ein Adler über den Bergen kreist. Murmeltiere gehören zu den Eichhörnchen. Sie halten in ihren warmen Höhlen sieben bis neun Monate Winterschlaf – es ist ja auch ziemlich eisig im Gebirge.

Wildtiere
und bedrohte
Tierarten

Die Rote Liste

Überall auf der Welt sammeln Menschen Informationen darüber, welche Tiere und Pflanzen es gibt, welche mehr geworden sind und welche weniger. Wenn man dann sagt, dass ein Tier auf der Roten Liste steht, bedeutet das leider nichts Gutes, denn überall auf der Welt gibt es gefährdete und vom Aussterben bedrohte Tiere. Auf dieser Seite zeigt Findus dir Tiere, die besonderen Schutz brauchen.

Wegen seines kostbaren Pelzes und weil er auch an Fischteichen jagt, wurde der Fischotter vom Menschen fast ausgerottet.

Oft schauen von ihm nur Augen, Ohren und Nase aus dem Wasser heraus: Der restliche Körper des **Fischotters** befindet sich unter der Wasseroberfläche. Er ist ein sehr guter Schwimmer, der nach Fischen und Krebsen jagt. Sein dichtes Fell schützt ihn vor der Kälte im Wasser, denn im Gegensatz zu Robben oder Walen hat er keine Fettschicht.

Der **Seeadler** ist der größte europäische Greifvogel. Er hat eine Flügelspannweite von bis zu 2,60 Metern, wiegt bis zu 6 Kilogramm und kann 40 Jahre alt werden. Erst nach fünf Jahren bekommt ein Seeadler das braune Gefieder. Seinen Horst baut er in hohen alten Bäumen oder Felsen. Der Seeadler ernährt sich von Fischen und Wasservögeln, aber auch von Aas.

Bei uns gibt es knapp 600 Seeadler-Paare, die streng geschützt werden, weil der Vogel bei uns fast ausgestorben war.

Die Europäische Sumpfschildkröte gehört bei uns zu den am stärksten gefährdeten Tieren und ist vom Aussterben bedroht.

Die einzige bei uns lebende Schildkrötenart ist die Europäische **Sumpfschildkröte**. An Ufern von Teichen und Seen lässt sie sich gern die Sonne auf ihren bis zu 100 Jahre alten Panzer scheinen. Weil sie nur unter Wasser schluckt, frisst sie auch nur dort: Auf ihrem Speiseplan stehen Schnecken, Würmer, Kaulquappen und Aas.

Nerz

Nerze bewohnen Uferdickichte an Flüssen und Seen und bleiben eigentlich immer dicht am Wasser. Sie können sehr gut schwimmen und tauchen. Dabei helfen ihnen ihre Schwimmhäute zwischen den Zehen. Mit seinem aus Amerika eingewanderten größeren Bruder, dem Mink, verträgt der Nerz sich gar nicht: Er wird von Minken gezielt angegriffen.

Es gibt Nerzfarmen, auf denen die Tiere gezüchtet werden. Sie führen dort ein kurzes Leben in kleinen Käfigen und sind anfällig für Krankheiten. Aus ihrem Fell werden immer noch Pelze gemacht.

Lange Zeit wurde der Europäische Nerz wegen seines weichen Fells gejagt. Außerdem wurden Feuchtgebiete trockengelegt. Dadurch war der Nerz bei uns in der Natur ausgestorben. Doch Tierschützer haben es geschafft, dass etwa 1000 Nerze in Europa wieder in freier Wildbahn leben.

Kegelrobbe

Ihren Namen hat sie wegen ihrer kegelförmigen Zähne. Und wenn man den niedlichen Nachwuchs betrachtet, würde man es vermutlich nicht denken: Die **Kegelrobbe** ist das größte in Deutschland lebende Raubtier. Die Bullen – das sind die Männchen – können bis zu 2,30 Meter lang werden und 300 Kilogramm wiegen! Bei uns leben die Säugetiere in der Nordsee und in der Ostsee, die meisten von ihnen rund um die Insel Helgoland.

Lange Zeit war die Kegelrobbe bei uns fast ausgerottet. Vor etwa 40 Jahren gab es nur noch etwa 2500 Tiere. Zum Glück dürfen die Robben nicht mehr gejagt werden und auch die Umweltgifte im Wasser der Ostsee gehen zurück.

Fuchs

Bei Pettersson auf dem Hof ist der Fuchs kein gern gesehener Gast: Immer wieder hat er es auf Petterssons Hühner abgesehen. Da hilft auch keine mit Pfeffer gefüllte Hühner-Attrappe auf dem Hof – für die ist der Fuchs einfach zu schlau.
Wenn allerdings Wölfe in das Revier des Fuchses kommen, ist ziemlich schnell klar, wer hier das Sagen hat ...

In unseren Wäldern und Feldern lebt der **Rotfuchs** mit rotbraunem Fell. Mit seinen spitzen Ohren hört er vierhundert Mal besser als Menschen. Obwohl der Fuchs mit seinem buschigen Schwanz und dichten Fell groß wirkt, ist er sehr schlank und wiegt nur bis zu sechs Kilo. Er frisst kleine Tierchen, aber auch Früchte, Beeren, Vogeleier und alles, was er noch so findet. Die Feinde des Fuchses sind Uhus, Luchse und Wölfe.

Weil Füchse sich sehr gut an neue Bedingungen anpassen können, leben mittlerweile auch viele Tiere in Städten. Tagsüber verstecken sie sich in Parks oder Gärten und auf Friedhöfen. Nachts finden sie reichlich Nahrung, denn überall gibt es Essensreste aus Mülltonnen, Beeren, Mäuse, Ratten und Vögel. Füchse haben sogar gemerkt, dass es ihnen in der Stadt manchmal besser geht als auf dem Land, wo ihr Lebensraum immer kleiner wird.

Der Fuchs gräbt seinen Bau nicht immer selbst, sondern zieht auch gern mal in einen Dachs- oder Kaninchenbau, den er einfach weiter ausbaut, mit ein. Dass die Wildtiere dann gemeinsam unter einem Dach leben, heißt »Burgfrieden«. Praktisch, oder?

Wolf

Wölfe können bis zu 11 Kilogramm Fleisch am Tag fressen – aber notfalls auch zwei Wochen hungern. Kleinere Tiere fressen sie ganz, von Wildschweinen, Hirschen, Elchen oder Rentieren lassen sie oft etwas übrig, das von anderen Tieren gefressen wird. Wenn sich der Wolf in einem neuen Gebiet niederlässt, haben die Füchse also auch etwas davon. Gleichzeitig steigt aber die Gefahr, dass sie von einem Wolf getötet werden.

Bei der Aufzucht und der Erziehung von Wolfjungen hilft das ganze Rudel mit: Futter gibt es nicht nur von der Mutter und einige ältere Tiere bleiben bereitwillig als Babysitter bei den kleinen Wölfen, wenn die Eltern mit dem Rudel auf Jagd gehen. Ganz schön praktisch!

Vergiftungen, unerlaubte Jagd und vor allem der Straßenverkehr führen dazu, dass der Wolf bedroht ist. Ohne Schutz könnte er wieder aussterben. Bei Pettersson und Findus in Schweden hilft oft ein grüner Streifen zwischen Wald und Straße dabei, dass Tiere schneller erkannt werden und die Menschen rechtzeitig langsamer fahren.

Der **Wolf** steht an der Spitze der sogenannten Nahrungskette – das heißt, er hat keine natürlichen Feinde. Lange Zeit gab es gar keine frei lebenden Wölfe mehr bei uns. Der Wolf kann Beute bis zu einer Entfernung von zwei Kilometern riechen. Wölfe sind Familientiere und leben im Rudel. Die Eltern der Jungtiere bleiben meist ein Leben lang zusammen.

Einem Wolf in der Natur zu begegnen, ist sehr unwahrscheinlich und wird vermutlich niemals passieren. Solltest du dennoch einen Wolf entdecken, geh langsam rückwärts und mach viele Geräusche. Am besten brüllst du den Wolf an. Sollte er dir folgen, mach dich groß und gefährlich und reiße deine Arme hoch.

Vielfraß und Luchs

Findus ist manchmal ein kleiner Vielfraß – vor allem, wenn Pettersson ihm seine geliebte Pfannkuchentorte zubereitet. Im Norden Europas gibt es ein Tier mit dem gleichen Namen. Das heißt aber gar nicht so, weil es immer so viel frisst…

Wahnsinnig viel frisst der **Vielfraß** nicht, aber: Die Männchen können bis zu 32 Kilogramm schwer werden und schaffen es, Rentiere und Elche zu reißen. Das kommt aber nicht oft vor, lieber schlägt sich der Vielfraß den Bauch mit kleineren Tieren und Aas voll.
Um seine Wohnhöhle herum hortet und sammelt der Vielfraß wie verrückt alles Mögliche an Fressbarem an – und verteidigt es notfalls auch gegen Bären. Vielleicht kommt sein Name doch auch daher?

In Skandinavien gibt es nur noch wenige hundert Vielfraße. Die meisten davon leben in Lappland. Sie sind streng geschützt und dürfen nicht gejagt werden.

Luchse waren bei uns fast ausgestorben, weil sie immer von Menschen verfolgt worden sind. Jetzt wissen wir, dass Luchse geschützt werden müssen, sodass immer mehr von ihnen »ausgewildert« werden. Das bedeutet, dass Tiere, die in Gefangenschaft gelebt haben, langsam wieder an das Leben in freier Wildbahn gewöhnt werden.

Die größte Raubkatze Europas ist ein Einzelgänger und lebt in großen Waldgebieten. Am liebsten frisst der Luchs Rehe und kann bei der Jagd auf die Tiere bis zu 70 Stundenkilometer schnell laufen! Sehr gut erkennst du den Luchs an den Haarpinseln in den Ohren und seinem Backenbart. Er kann fantastisch hören: Eine kleine Maus spürt er aus fünfzig Metern Entfernung auf.

Tierspuren entdecken

Bestimmt hast du schon mal **Tierspuren** im Schnee entdeckt und dich gefragt, von welchem Tier sie sind. Hier siehst du verschiedene Fährten. Entdeckst du die von Findus?

Bei uns gibt es für Luchse und andere Wildtiere immer mehr »Wildtierkorridore«. Das sind grüne Brücken oder Unterführungen, die den Tieren helfen, die Straßen zu überqueren, ohne dabei von Autos überfahren zu werden.

In der
Nacht

Am Himmel

Als Findus im Radio hört, dass das erste Lebewesen im All ein Hund war, ist er empört: Wie konnten die Menschen ein so dummes Tier ins Weltall schicken? Findus will auch dorthin! Zum Glück hat der alte Pettersson wie immer eine gute Idee und baut Findus seine eigene Mondrakete, mit der der kleine Katzonaut zum Mond fliegt und jeder Menge gackernden Mondhühnern begegnet. Möchtest du auch in den Weltraum reisen und unsere Erde von oben anschauen?

Wenn die Sonne bei uns untergeht, dann verschwindet sie nicht vom Himmel – sondern wir drehen uns von ihr weg! Die Erde dreht sich nämlich in 24 Stunden einmal um sich selbst. Also ist eine Hälfte immer der Sonne zugewandt und eine im Dunkeln. Irgendwo ist immer Tag, während es woanders **Nacht** ist. Wenn wir schlafen, ist in Australien helllichter Tag.

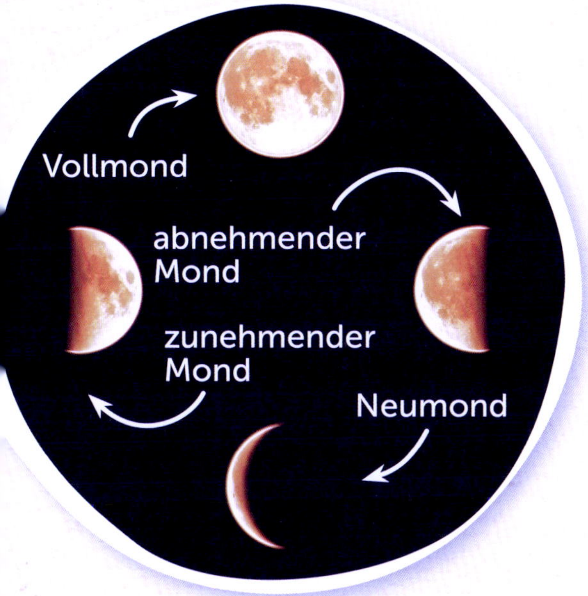

Vom Weltraum aus sieht die **Erde** wie eine schöne Glasmurmel mit verschiedenen Farben aus. Vor allem kannst du ganz viel Blau sehen. Das sind die Meere. Von oben erkennst du also sofort: Auf der Erde gibt es doppelt so viel Wasser wie Land. Die Erde kreist um die Sonne. Eine komplette Runde um sie herum dauert 365 Tage – also ein Jahr.

Auch der **Mond** ist nie weg, du siehst ihn nur manchmal nicht. Das liegt daran, dass er einmal im Monat die Erde umkreist – und die Erde umkreist die Sonne. Dabei wird der Mond, der immer an verschiedenen Ecken steht, immer wieder unterschiedlich beschienen.

1969 war der erste Mensch auf dem Mond.

Planeten und Sternbilder

Im **Weltraum** schwebt alles herum: Die Planeten und Monde, die Sonne, die Sterne und auch unsere Erde. Alles, was um die Sonne herumkreist, nennen wir unser Sonnensystem. Es besteht neben der Erde aus sieben weiteren Planeten.

Die Planeten in unserem Sonnensystem

Als Findus allein im Garten zeltet, ist es ihm im Dunkeln zu unheimlich. Am Ende schläft Pettersson im Zelt – und Findus krabbelt in das gemütliche Bett des Alten. Wenn du es beim Schlafen auch nicht ganz dunkel magst, nimm einen leeren Joghurtbecher, spüle ihn aus, bemale und beklebe ihn und stelle ein künstliches Teelicht darunter – fertig ist dein eigenes **Nachtlicht**.

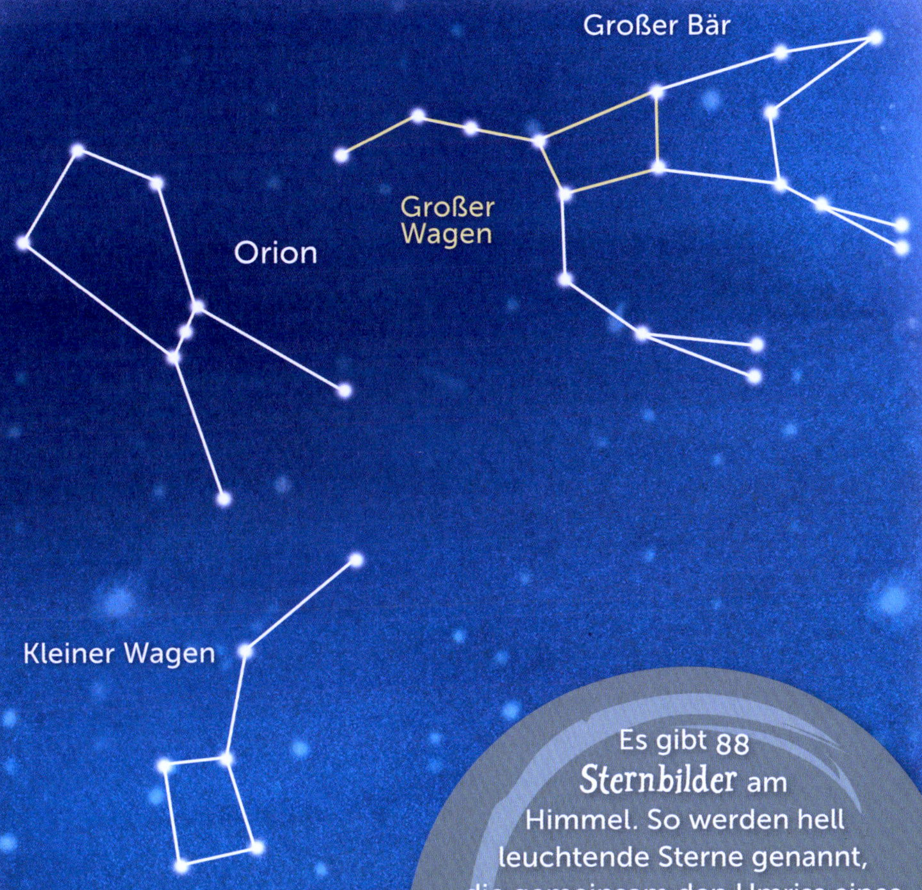

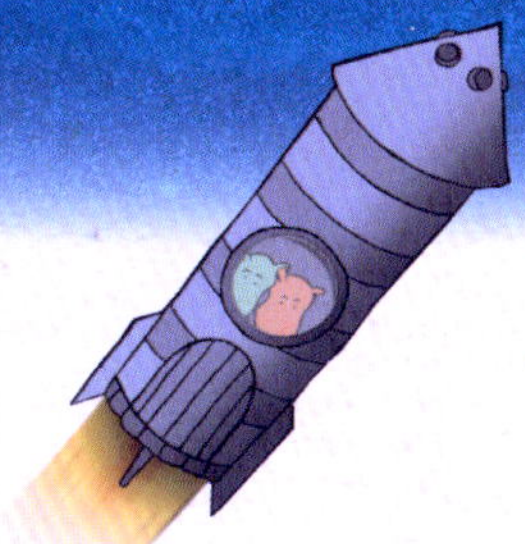

Es gibt 88 **Sternbilder** am Himmel. So werden hell leuchtende Sterne genannt, die gemeinsam den Umriss eines Gegenstands oder Tiers ergeben. Besonders gut zu erkennen sind der Große Wagen, der Große Bär und Orion. 12 Sternbilder sind auch als Sternzeichen bekannt. Kennst du dein Sternzeichen?

Tiere in der Nacht

Wenn Pettersson nachts in seinem Bett liegt und vor sich hin schnarcht, während Findus von einer riesigen Pfannkuchentorte träumt, sind draußen viele Tiere unterwegs, die man tagsüber nicht zu Gesicht bekommt. Sie suchen Nahrung, paaren sich und bringen Junge auf die Welt – und das alles in einer Umgebung, in der es nur wenig Licht gibt.

Fledermäuse sehen mit den Ohren, fliegen mit den Händen und schlafen mit dem Kopf nach unten. Sie senden zur Ortung von Beute und zum Gespräch mit anderen Fledermäusen Töne aus, die wir nicht hören können.

Übrigens: Fledermäuse saugen von un[s] kein Blut.

Alle bei uns heimischen Fledermäuse stehen auf der Roten Liste. Zu ihrem Schutz braucht man Höhlen und Stollen mit speziellen Gittern, höhlenreiche Bäume und Fledermauskästen, da sie ihren natürlichen Lebensraum immer mehr verlieren.

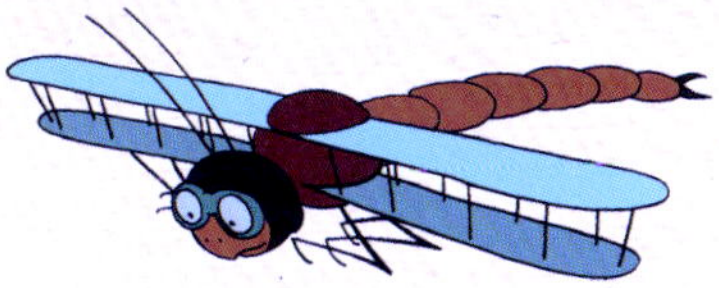

Seinen Ruf erkennst du sofort: Der Gesang vom **Waldkauz** ist unverkennbar – und auch ein kleines bisschen unheimlich. Seine Augen sind unbeweglich, aber dafür kann er seinen Kopf fast einmal komplett herumdrehen! Dafür hat er 14 Halswirbel. Wir haben nur sieben. Der Waldkauz kann fast lautlos fliegen und erbeutet Eichhörnchen, Kaninchen, Vögel, Frösche und Fledermäuse.

Das Gesicht der **Schleiereule** hat die Form eines Herzens. Mit ihrem Gesichtsschleier kann sie richtige Grimassen schneiden! Sie kann bis zu 22 Jahre alt werden und ernährt sich von kleinen Nagetieren. Ihre Feinde sind Raubtiere, aber auch andere Eulen.

Bei uns sind vor allem viele kleine Tiere nachtaktiv, weil sie den Schutz der Dunkelheit vor ihren Fressfeinden nutzen.

Insekten in der Nacht

Die **Große Winkelspinne** hat fast jeder schon mal bei sich im Schuppen, im Haus oder im Keller entdeckt. Tagsüber hockt sie reglos in der Ecke. Ihre Beine erreichen eine Spannweite von bis zu zehn Zentimetern. Im Herbst kommt sie besonders gern rein, weil es ihr dann draußen zu kalt wird. Ihre Beute sind Insekten und Asseln.

Mücken werden vom Licht angezogen? Das stimmt so gar nicht! Sie kommen vor allem abends und nachts ins Haus, weil sie nachtaktiv sind. Tagsüber verstecken sie sich gern in feuchten und warmen Ecken. Auch wenn sie uns oft den Schlaf rauben und ihre Stiche jucken – Mücken sind wichtig, denn sie sind leckeres Futter für sehr viele andere Tiere.

Glühwürmchen sind Leuchtkäfer. Tagsüber sieht man sie kaum, aber nachts beginnen sie zu strahlen. Das Licht entsteht aus Energie, die der kleine Käfer in seinem Innern erzeugt. Die Weibchen brauchen dieses Licht, weil sie nicht fliegen können: Sie leuchten am Boden mit ihrem Hinterteil wie Minilaternen, bis ihr Liebster sie entdeckt.

Künstliches Licht, das nachts aus unseren Lampen kommt, übt auf Insekten eine magische Anziehungskraft aus. Und weil bei uns an vielen Orten in der Nacht alles erleuchtet ist, kreisen immer mehr Insekten um die Lichter herum, statt Nahrung zu suchen, sich zu paaren oder Eier abzulegen. Man vermutet, dass diese sogenannte Lichtverschmutzung ein Grund dafür ist, dass so viele Insekten sterben.

Bildquellen

Illustrationen:
© 2021 Edel Verlagsgruppe GmbH, Happy Life Animation AB, A. Film A/S, All rights reserved.
Lizenz durch Edel Germany GmbH, Hamburg. www.edel.com

Fotos:
Shutterstock.com: Seite 6 (Maulwurf): © Eric Isselee, Seite 8 (Salzwiese): © canadastock, Seite 8 (Tagpfauenauge): © revenaif, Seite 8 (Blumenwiese): © Juergen Faelchle, Seite 9 + 66 (Edelweiß): © Anna Sedneva, Seite 9 (Bergwiese): © canadastock, Seite 9 (Streuobstwiese): © J. Marijs, Seite 9 (Steinkauz): © WildlifeWorld, Seite 10 (Spinne): © Eric Isselee, Seite 11 (Blaumeise): © YK, Seite 11 (Amsel): © cmnaumann, Seite 11 (Rotkehlchen, Gimpel, Eichelhäher): © clarst5, Seite 11 (Zaunkönig): © WildlifeWorld, Seite 11 (Star): © serkan mutan, Seite 13 (Zecke): © Marlon Boenisch, Seite 13 (Marienkäfer): © Yellowj, Seite 15 (Klee): © Miramiska, Seite 15 (Hagebutte): © ArTDi101, Seite 16 (Siebenschläfer): © Eric Isselee, Seite 17 (Mauswiesel): © Stephan Morris, Seite 18 (Wespe): © Manfred Ruckszio, Seite 18 (Biene): © Anat Chant, Seite 19 (Hornisse): © Margus Vilbas, Seite 19 (Hummel): © Danut Vieru, Seite 20 (Blume): © Alexandr K, Seite 20 (Biene): © Daniel Prudek, Seite 21 (Bienenhotel): © Rottlaender, Seite 21 (Zitronenfalter): © Vitalii Hulai, Seite 21 (Schwalbenschwanz): © Filip Fuxa, Seite 21 (Kohlweißling): © Peter Waters, Seite 21 (Ochsenauge): © alslutsky, Seite 22 (Lupenglas): © jo.pix, Seite 24 (Gerste): © Ruslan Rizvanov, Seite 24 (Weizen): © Subbotina Anna, Seite 24 (Roggen): © Pattern43, Seite 24 (Hafer): ©Nele Verhovtsova, Seite 24 (Mais): © Aedka Studio, Seite 25 (Getreide): © xpixel, Seite 26 (Gras): © Suriya KK, Seite 27 (Dinkel): © nevio, Seite 27 (Hirse): © PENG TIANLI, Seite 28 (Feldhamster): © Eric Isselee, Seite 29 (Feldmaus): © Rudmer Zwerver, Seite 29 (Heu): © Ivan Karpov, Seite 29 (Stroh): © Katya123ua, Seite 30 (Reh): © DiceksPhoto, Seite 31 (Igel): © Elena Sherengovskaya, Seite 32 (Kornblume): © Halina Valiushka, Seite 33 (Klatschmohn): © Josef Kubat, Seite 37 (Schwarzspecht): © Rosa Jay, Seite 38 (Eichenpflanze): © Eichenpflanze, Seite 39 (Bäume): © POZNANINA, Seite 40 (Eichhörnchen): © Menno Schaefer, Seite 40 (Dachs): © Martin Mecnarowski, Seite 41 (Specht): © Iskalda, Seite 41 (Wildschweine): © Randy van Domselaar, Seite 42 (Wildkatze): © MH STOCK, Seite 43 (Gottesanbeterin): © Eric Isselee, Seite 43 (Ameisenlarve): © Tomatito, Seite 43 (Ameisennest): © N Mrtgh, Seite 45 (Eichenblatt): © windu, Seite 46 (Pfifferling): © Susie Hedberg, Seite 47 (Knollenblätterpilz): © Vlad Siaber, Seite 47 (Bovist): © Christopher Elwell, Seite 52 (Wasservögel): © Ger Bosma Photos, Seite 52 (Fische): © Krasowit, Seite 53 (Otter): © Christian Schoissingeyer, Seite 53 (Ente): © beckart, Seite 54 (Frosch): © kazoka, Seite 54 (Frosch/Kaulquappe): © Eric Isselee, Seite 55 (Kröten): © Roman Belus, Seite 55 (Warndreieck): © Francois Poirier, Seite 56 (Plankton): © Choksawatdikorn, Seite 56 (Wasserläufer): © Karel Gallas, Seite 56 (Wasserfloh): © Lebendkulturen.de, Seite 57 (Eisvogel): © Nature Bird Photography, Seite 57 (Biber): © Rudmer Zwerver, Seite 60 (Moos): © Ihor Hvozdetskyi, Seite 60 (Sonnentau): ©Henrik Larsson, Seite 61 (Moorschnucke): © Alessandro28, Seite 62 (Moorbläuling): © Lusine, Seite 62 (Goldschrecke): © Eileen Kumpf, Seite 63 (Mooreidechse): © Anastasia Bulanova, Seite 64 (Goldregenpfeifer): © Petr Simon, Seite 64 (Bruchwasserläufer): © CezaryKorkosz, Seite 66 (Enzian): © Manfred Ruckszio, Seite 66 (Alpenrose): © Gherzak, Seite 67 (Eiskristalle): © Menna, Seite 67 (Schneeengel): © Anton Watman, Seite 68 (Steinbock): © Ali Alawartani, Seite 68 (Braunbär): © Eduard Kyslynskyy, Seite 69 (Adler): © Vladimir Kogan Michael, Seite 70 (Gämse): © Ioan Panaite, Seite 70 (Murmeltier): © Ingo Bartussek, Seite 72 (Fischotter): © Eric Isselee, Seite 73 (Seeadler): © Sergey Uryadnikov, Seite 73 (Schildkröte): © Eric Isselee, Seite 74 (Nerz): © Martin Mecnarowski, Seite 75 (Kegelrobbe illustriert): © Olga Save, Seite 75 (Kegelrobbe Foto): © Iwona Fijol, Seite 77 (Fuchs): © Eric Isselee, Seite 78 (Wolf): © Vlada Cech, Seite 79 (Skelett): © Satirus, Seite 89 (Waldkauz): © Philippe Clement, Seite 89 (Schleiereule): © Eric Isselee, Seite 90 (Winkelspinne): © Rudmer Zwerver, Seite 90 (Mücke): © khlungcenter, Seite 91 (Glühwürmchen): © Fer Gregory
iStock.com: Seite 7 (Schwebfliege): © HildaWeges, Seite 7 + 12 (Heuschrecke): © KirsanovV, Seite 6 + 12 (Ringelnatter): © Pakhnyushchyy, Seite 8 (Seeschwalbe): © kojihirano, Seite 11 (Drossel): © bazilfoto, Seite 21 (Admiral + Kleiner Fuchs): © SamRyley, Seite 34 (Storch): © GlobalP, Seite 42 (Rothirsch): © GlobalP, Seite 80 (Vielfraß): © Roberto Barilani, Seite 81 (Luchs): © Milan Rybar, Seite 85 (Mondzyklus): © Korionov, Seite 85 (Erde): © titoOnz, Seite 86 (Sonnensystem): © D1min, Seite 88 (Fledermaus): © KirsanovV
Fotolia: Seite 53 (Muschel): © Pixaterra
Büro 18: Seite 57 (Baum): © Anna Jansen

Impressum

Die in diesem Buch enthaltenen Angaben sind mit größter Sorgfalt zusammengestellt und geprüft worden.
Eine Garantie für die Richtigkeit der Angaben kann aber nicht gegeben werden.
Edel Kids Books – Ein Verlag der Edel Verlagsgruppe
© 2021 Edel Verlagsgruppe GmbH, Neumühlen 17, 22763 Hamburg, www.edel.com,
2. Auflage 2022
Alle Rechte vorbehalten. All rights reserved.
Das Werk darf – auch teilweise – nur mit Genehmigung des Verlages wiedergegeben werden.
Mit freundlicher Genehmigung von Sven Nordqvist
Text und Lektorat: Steffi Korda, Büro für Kinder- + Erwachsenenliteratur, Hamburg
Layout + Satz: Büro 18, Friedberg (Bayern),
basierend auf einem Layout von Antje Warnecke, nordendesign.de
Umschlaggestaltung: Antje Warnecke, nordendesign.de
Herstellung: Frank Jansen
Druck und Bindung: optimal media GmbH, Röbel
Printed in Germany
ISBN 978-3-96129-201-1